El retablo de las maravillas

y

La elección de los alcaldes de Daganzo

El retablo de las maravillas

y

La elección de los alcaldes de Daganzo

Miguel de Cervantes

© Del texto: Grupo Anaya, S. A., 2003
© De los dibujos: Grupo Anaya, S. A., 2003
© De esta edición: Grupo Anaya, S. A., 2003
   Juan Ignacio Luca de Tena, 15 - 28027 Madrid

Depósito legal: M-49976-2003
ISBN: 84-667-1683-1
Printed in Spain
Imprime: Lavel, S. A. Gran Canaria, 12. Polígono Los Llanos
          28970 Humanes (Madrid)

Equipo editorial
   Coordinación y edición: Milagros Bodas, Sonia de Pedro
   Asesor literario: Benjamín Aragón
   Equipo técnico: Javier Cuéllar, Laura Llarena
   Ilustración: José Luis García Morán
   Cubiertas: Taller Universo: M. Á. Pacheco, J. Serrano

Fotografía de cubierta:
© Archivo Anaya
Maqueta del Corral del Príncipe
Museo del Teatro de Almagro, Ciudad Real.

Índice

Presentación

El objetivo de esta colección es que los estudiantes de español puedan acceder a los clásicos de la literatura española a través de una versión adaptada a los distintos niveles de aprendizaje: Inicial, Medio, Avanzado y Superior.

ESTRUCTURA DE LA COLECCIÓN

El autor y su obra: breve reseña para mostrar al estudiante el contexto cultural en que se escribió la obra.

Corpus de la obra adaptada:
- Se han respetado el estilo del autor y el argumento de la obra.
- Se ha tenido en cuenta el nivel al que va destinada en cuanto al léxico y estructuras sintácticas.
- Se ofrecen referencias culturales y léxicas en notas marginales.

Actividades de comprensión lectora, de léxico y de gramática.

Soluciones a las actividades.

Glosario con una selección de términos traducidos.

Algunos títulos se presentan con casete.

Se ofrece una guía de explotación didáctica de la lectura.

CRITERIOS DE ADAPTACIÓN DE ESTA OBRA

- Para facilitar la comprensión de esta obra se ha simplificado la sintaxis y modernizado la ortografía.
- Se han evitado términos obsoletos, así como giros y locuciones de difícil comprensión.
- Al comienzo de cada obra, se incluye una breve explicación del papel de cada personaje.

El autor y su obra

Miguel de Cervantes Saavedra nació en 1547 en Alcalá de Henares. En 1571 se alistó en el ejército y participó en la batalla de Lepanto, donde se distinguió por su valor. En 1575 le apresaron y llevaron a Argel, donde permaneció hasta su rescate en 1580.

Fue recaudador de impuestos para la Armada Invencible y viajó por varias ciudades andaluzas. En Sevilla fue encarcelado debido a irregularidades en su gestión de las cuentas. Desengañado y sin recursos económicos, empezó a publicar sus obras. Pasó sus últimos años en Madrid, donde murió el 22 de abril de 1616.

Cervantes es considerado como el creador de la novela moderna. Su primera novela fue *La Galatea* (1585), pero la que sitúa a Cervantes en la cumbre de la literatura española es *El ingenioso hidalgo don Quijote de la Mancha*. La primera parte apareció en 1605 y la segunda en 1615. Entre ambas fechas publicó sus doce *Novelas ejemplares*. Una de ellas muy famosa, *El licenciado Vidriera*.

La obra literaria de Cervantes abarca también la poesía y el teatro. En poesía destaca *Viaje del Parnaso*. Para el teatro escribió comedias y entremeses. Entre sus comedias destacan *La Numancia* y *Los baños de Argel*. Los entremeses más importantes son *El retablo de las maravillas* y *La elección de los alcaldes de Daganzo*.

El entremés es una obra corta de teatro y generalmente de carácter festivo. Sus personajes reflejan la gracia y la ironía propias de los ambientes populares. Se representaban normalmente entre el primero y el segundo acto de las comedias mayores.

Cervantes los utiliza para criticar los prejuicios de una sociedad inculta y sometida a normas irracionales. Así, en *La elección de los alcaldes de Daganzo* uno de los candidatos a alcalde presume de no saber leer ni escribir. También critica que la Iglesia se meta en el gobierno de los pueblos, y por eso mantean al sacristán. *El retablo de las maravillas* es un reproche a la hipocresía y a los prejuicios dominantes: la pureza de sangre y la honra antes que la verdad.

CONTEXTO HISTÓRICO

El tiempo histórico de Cervantes corresponde a los reinados de Carlos I, Felipe II y Felipe III. España pasa de estar abierta al exterior al aislamiento, como consecuencia de los conflictos mal resueltos en las distintas regiones europeas, sobre todo en los Países Bajos.

Los éxitos militares (victorias de San Quintín, en 1557, y Lepanto, en 1571) se vieron disminuidos por grandes fracasos: la derrota de la Armada Invencible en 1588. Por otra parte, este aislamiento vino condicionado por la cerrada postura religiosa de la Contrarreforma y del Concilio de Trento.

EL RETABLO[1] DE LAS MARAVILLAS[2]

Galería de personajes

[1] *retablo:* pequeño escenario donde se representa una obra teatral.
[2] *maravillas:* sucesos o cosas que causan admiración, prodigios.

CHANFALLA: empresario de teatro, también llama-do Montiel.

CHIRINOS: empresaria de teatro.

RABELÍN: enano que toca el rabel[3].

GOBERNADOR: cargo mayor del pueblo.

BENITO REPOLLO: alcalde del pueblo.

JUAN CASTRADO: concejal del Ayuntamiento.

PEDRO CAPACHO: secretario del Ayuntamiento.

JUANA CASTRADA: hija del concejal Juan Castrado.

TERESA REPOLLA: prima de Juana Castrada.

SOBRINO: joven sobrino de Benito Repollo.

OFICIAL: jefe del ejército.

[3] *rabel:* instrumento musical pastoril.

ESCENA I

(Los empresarios de teatro Chanfalla y Chirinos caminan hacia un pueblo.)

CHANFALLA: Chirinos, no te olvides, esta nueva mentira debe salir muy bien, como la anterior.

CHIRINOS: Tranquilo, tengo memoria y no soy tonta. Además, deseo agradarte. Pero dime: ¿para qué hemos contratado a este Rabelín? ¿No podemos trabajar en esta empresa nosotros dos solos?

CHANFALLA: Le necesitamos para tocar el rabel hasta que salen las figuras del *Retablo de las maravillas*.

CHIRINOS: Maravilla[4] será si no nos tiran piedras cuando vean a este Rabelín; porque no he visto a nadie tan pequeñito en toda mi vida.

[4] *Maravilla:* aquí, milagro.

ESCENA II

(Llega Rabelín.)

RABELÍN: ¿Vamos a hacer algo en este pueblo, señor Chanfalla? Quiero que vuestra merced⁵ vea lo útil que puedo ser.

CHIRINOS: Si tu música no es más grande que tu cuerpo, conseguiremos poco.

RABELÍN: Eso ya se verá. Soy pequeño, pero me han llamado para entrar en una compañía⁶ de teatro y recibiré el mismo dinero que los demás.

CHANFALLA: Si el dinero que te dan es como tu cuerpo, casi será invisible. *(A Chirinos.)* Chirinos, pronto estaremos en el pueblo, y esos que vienen por ahí deben de ser el Gobernador y los señores del Ayuntamiento. Vamos hacia ellos y prepara tu lengua para adularlos, pero no demasiado.

ESCENA III

(Llegan por una calle del pueblo el Gobernador, el alcalde Benito Repollo, el concejal Juan Castrado y el secretario del Ayuntamiento Pedro Capacho.)

CHANFALLA: Beso a vuestras mercedes las manos. ¿Quién es el Gobernador de este pueblo?

---

⁵ *vuestra merced:* tratamiento de respeto equivalente a *usted.*

⁶ *compañía:* grupo de actores.

GOBERNADOR: Yo soy el Gobernador; ¿qué es lo que quiere, buen hombre?

CHANFALLA: ¡Oh, cómo no he adivinado que este magnífico señor era el excelentísimo Gobernador de este honrado pueblo!

CHIRINOS: Salud para la señora y para los señoritos, si los tiene el señor Gobernador.

CAPACHO: El señor Gobernador no está casado.

CHIRINOS: Salud para cuando lo esté.

GOBERNADOR: Y bien, ¿qué es lo que quiere, hombre honrado?

CHIRINOS: Honrados días viva vuestra merced, que así nos honra. El peral da peras, la parra da uvas y el honrado da honra.

BENITO: Frase ciceronianca, sin quitar ni poner un punto.

CAPACHO: Ciceroniana[7] quiso decir el señor alcalde Benito Repollo.

[7] *Ciceroniana:* de Cicerón, famoso orador romano.

BENITO: Siempre quiero decir lo que es mejor, pero muchas veces nó puedo. En fin, buen hombre, ¿qué quiere?

CHANFALLA: Yo, señores míos, soy Montiel, y traigo el *Retablo de las maravillas.*

GOBERNADOR: ¿Qué quiere decir *Retablo de las maravillas?*

CHANFALLA: Se llama *Retablo de las maravillas* por las maravillosas cosas que en él se enseñan y muestran. La obra, las figuras y el escenario los hizo el sabio Tontonelo. Pero las cosas que en él se muestran no las podrán ver las personas de origen judío ni los que no son hijos de legítimo matrimonio[8]. El que tiene alguna de estas características no verá las cosas de mi Retablo.

BENITO: Ahora me doy cuenta de que cada día se ven en el mundo nuevas cosas. ¿Y se llamaba Tontonelo el sabio que hizo el Retablo?

CHIRINOS: Así se llamaba, nacido en la ciudad de Tontonela. Dicen de este hombre que le llegaba la barba a la cintura.

BENITO: En general, los hombres de grandes barbas son sabiondos[9].

GOBERNADOR: Señor concejal Juan Castrado, si vuestra merced no dice otra cosa, deseo que esta noche se case su hija Juana Castrada, pues yo soy su padrino. Y para la fiesta, quiero que el señor Montiel muestre en vuestra casa su Retablo.

JUAN: Estoy de acuerdo con el señor Gobernador. Con él estoy de acuerdo en todo, no importa si hay alguna cosa en contra.

[8] *legítimo matrimonio:* el casamiento realizado por la Iglesia católica.

[9] *sabiondos:* los que presumen de sabios sin serlo.

CHIRINOS: *Salud para la señora y para los señoritos, si los tiene el señor Gobernador.*

CHIRINOS: La cosa que hay en contra es la siguiente: si no nos pagan primero nuestro trabajo, no verán las figuras. Si esta noche entra todo el pueblo en casa del señor Juan Castrado y ve el Retablo, mañana no irá nadie a verlo cuando lo mostremos al pueblo. No, señores; *ante omnia*[10] nos tienen que pagar lo justo.

BENITO: Señora, aquí no les tiene que pagar ninguna Antona[11] ni ningún Antonio; el señor concejal Juan Castrado les pagará, y si no, el Ayuntamiento. En este lugar no esperamos a que ninguna Antona pague por nosotros.

CAPACHO: ¡Señor Benito Repollo, otra vez se equivoca! La señora Chirinos no dice que le pague ninguna Antona, sino que le paguen antes.

BENITO: Mire, secretario Pedro Capacho, tienen que hablarme de forma sencilla y yo lo entenderé; vuestra merced que sabe leer y escribir puede entender, yo no.

JUAN: ¿Querrá el señor empresario que yo le dé por adelantado media docena de monedas de oro? Además, tendremos cuidado de que no entre gente del pueblo en mi casa.

CHANFALLA: Bien, estoy de acuerdo, porque yo me fío de vuestra merced y de su buena intención.

[10] *ante omnia:* frase en latín que significa 'ante todo', 'lo primero'.

[11] *Antona:* es lo que entiende al oír *ante omnia.*

JUAN: Pues venga conmigo. Recibirá el dinero y verá mi casa y la comodidad que hay en ella para mostrar ese Retablo.

CHANFALLA: Vamos, y no olviden las condiciones que deben tener para poder ver el maravilloso Retablo.

BENITO: Por mi parte, estoy tranquilo, pues mi padre ha sido alcalde y soy cristiano viejo[12]. ¡Seguro que veré el Retablo!

[12] *cristiano viejo:* ser de familia cristiana desde varias generaciones atrás.

CAPACHO: Todos lo pensamos ver, señor Benito Repollo.

JUAN: No hemos nacido de cualquier familia. Yo me llamo Juan Castrado, hijo de Antón Castrado y de Juana Macha; estoy seguro de que podré mirar cara a cara ese maravilloso Retablo.[13]

[13] Quiere decir que es hijo de padres conocidos, cristianos viejos y unidos en legítimo matrimonio.

CHIRINOS: ¡Dios lo quiera!

ESCENA IV

(Se van Juan Castrado y Chanfalla.)

GOBERNADOR: Señora, ¿qué autores triunfan ahora en la Corte[14]? Lo digo porque yo he escrito veintidós comedias y estoy esperando el mejor momento para llevarlas a la Corte.

[14] *Corte:* lugar donde está el rey y su gobierno.

CHIRINOS: No sé qué decirle, porque hay muchos autores y todos piensan que son famosos. Pero dígame, vuestra merced, ¿cómo se llama?

GOBERNADOR: A mí me llaman el Licenciado[15] Gomecillos.

CHIRINOS: ¡Dios mío! ¿Vuestra merced es el que escribió esa obra tan famosa sobre el diablo?

GOBERNADOR: Mintieron quienes dijeron que yo era el autor. Los autores suelen robarse las obras unos a otros, pero yo no.

[15] *Licenciado:* tratamiento que se utilizaba ante el nombre de las personas con estudios universitarios.

ESCENA V

(Vuelve Chanfalla.)

CHANFALLA: Señores, vengan vuestras mercedes, que todo está preparado para comenzar la representación.

CHIRINOS: ¿Te han dado el dinero?

CHANFALLA: Lo llevo conmigo.

CHIRINOS: Pues ten cuidado, Chanfalla, que el Gobernador es autor de comedias.

CHANFALLA: ¿Autor? Pues seguro que también le engañamos, porque los escritores se lo creen todo.

BENITO: Vamos, que quiero ver esas maravillas.

(Se van todos.)

ESCENA VI

(En casa de Juan Castrado están Juana Castrada, vestida de novia, y Teresa Repolla.)

CASTRADA: Aquí te puedes sentar, amiga Teresa Repolla, que tendremos el Retablo enfrente. Ya sabes las condiciones que deben tener los que miren el Retablo, así que ten cuidado.

REPOLLA: Ya sabes, Juana Castrada, que soy tu prima, y no digo más. ¡Claro que voy a ver todo el Retablo!

CASTRADA: Tranquila, prima, que viene ya la gente.

ESCENA VII

(Entran el Gobernador, Benito Repollo, Juan Castrado, Pedro Capacho, Chanfalla, Chirinos, Rabelín y un sobrino de Repollo.)

CHANFALLA: Siéntense todos; el Retablo debe estar detrás de ese tapiz[16] y la empresaria también, y aquí el músico.

[16] *tapiz:* tela grande donde están representadas escenas de todo tipo.

21

BENITO: ¿Esto es un músico? Pónganle también detrás del tapiz, que para no verle prefiero no oírle.[17]

[17] Le molesta ver a un músico enano.

CHANFALLA: No tiene razón vuestra merced, señor alcalde Repollo. El músico es muy buen cristiano y de familia conocida.

GOBERNADOR: Estas cualidades son muy necesarias para ser buen músico.

BENITO: Será de familia conocida, pero a él no le conoce nadie.

GOBERNADOR: Acabe ya la discusión. El señor Montiel puede comenzar su obra.

BENITO: Pocas cosas trae para tan gran Retablo.

JUAN: Quizás todo es de maravillas.

CHANFALLA: Atención, señores, que comienza. ¡Oh, tú que hiciste este Retablo que ha merecido el nombre de *las Maravillas:* muestra a estos señores algunas de tus maravillosas maravillas! Ya veo que has aceptado mi petición… Por allí aparece el valiente Sansón[18], abrazado a las columnas del templo para destruirlo y vengarse de sus enemigos. ¡Valiente Sansón, párate por Dios! ¡Que vas a aplastar a esta gente que aquí se ha reunido!

[18] *Sansón:* personaje de la Biblia famoso por su fuerza.

BENITO: ¡Deténgase! Hemos venido a divertirnos y no a que nos aplasten. ¡Deténgase, señor Sansón, que se lo pide esta buena gente!

CAPACHO: ¿Puede verlo, Castrado?

JUAN: ¿Por qué no lo voy a ver? ¿Tengo yo los ojos en el cogote[19]?

[19] *cogote:* nuca, parte de atrás de la cabeza.

GOBERNADOR: *(Aparte.)* Esto es una cosa milagrosa: yo no veo a Sansón por ninguna parte, aunque soy hijo legítimo y cristiano viejo.

CHIRINOS: ¡Tengan cuidado todos, que sale un grandísimo toro!

CHANFALLA: ¡Pónganse todos a un lado! ¡Toro, toro, toro!

(Se hace un gran alboroto.)

BENITO: ¡Vaya toro! Si no me pongo a un lado, me aplasta.

JUAN: Señor empresario, que no salgan más figuras que nos asusten; y no lo digo por mí, sino por estas muchachas que están temblando de miedo por el toro.

CASTRADA: Así es, padre. Tuve mucho miedo a sus cuernos, que los tenía bien afilados.

JUAN: No debías haberlo visto, hija.

GOBERNADOR: *(Aparte.)* Todos ven lo que yo no veo; pero tendré que decir que lo veo, por mi propia honra.

CHIRINOS: Estos ratones que vienen ahora son de la misma familia de aquellos que se salvaron en el arca de Noé[20]; unos son blancos; otros, grises; algunos, azules, pero todos ellos son ratones.

[20] *arca de Noé:* barca de este personaje bíblico.

CASTRADA: ¡Jesús! ¡Ay! ¿Ratones? Amiga, cierra bien tu falda para que no te muerdan, que son muchos. ¡Ay, Dios mío! Yo creo que son más de mil.

REPOLLA: ¡Ay, a mí me entran por todas partes! Un ratón moreno me ha mordido en la rodilla, ¡socorro!

BENITO: Afortunadamente yo llevo los pantalones apretados; no puede entrarme ningún ratón, aunque sea pequeño.

CHANFALLA: ¡Miren bien ahora, señores! Esta agua que cae de las nubes es de la fuente donde nace el río Jordán[21]. El agua convierte en plata la cara de las mujeres y en oro las barbas de los hombres.

[21] *Jordán:* río de Oriente Medio donde Cristo fue bautizado.

CASTRADA: ¿Oyes, amiga? Deja ver la cara. ¡Oh, qué agua tan rica! Tápese, padre, no se moje.

JUAN: Todos nos tapamos aquí, hija.

BENITO: ¡Ay! Me he llenado de agua toda la espalda.

GOBERNADOR: ¿Qué diablos es esto que aún no me ha tocado ni una gota y todos se ahogan? ¿Soy yo ilegítimo entre tantos legítimos?

BENITO: Quiten de allí aquel músico. Ese enano no me deja ver a gusto[22] las figuras. ¡Qué músico más malo!

RABELÍN: Señor alcalde, no se meta conmigo[23], que yo toco la música como Dios me ha enseñado.

BENITO: ¿Dios te ha enseñado? ¡Métete detrás del tapiz o te tiro esta silla!

RABELÍN: Creo que el diablo me ha traído a este pueblo.

CAPACHO: Fresca es el agua del santo río Jordán. Yo me tapé lo que pude, pero el agua me mojó un poco los bigotes y seguro que ahora los tengo rubios como el oro.

CHIRINOS: Allá van dos docenas de leones y de osos. ¡Cuidado todos!, que son maravillosos pero peligrosos.

JUAN: Pero bueno, señor empresario, ¿ahora nos quiere llenar la casa de osos y leones?

[22] *a gusto:* bien, disfrutando.

[23] *no se meta conmigo:* no me critique, no me ataque.

CASTRADA: Déjelos salir. Todo lo nuevo agrada, señor padre.

CHIRINOS: Esta muchacha tan hermosa que ahora aparece es Salomé. Recordarán que con su baile consiguió un premio: la cabeza del Bautista[24]. ¿Alguien quiere bailar con ella? ¡Verán maravillas!

[24] *Bautista:* San Juan Bautista, muerto por pedirlo Salomé después de bailar.

BENITO: ¡Esta sí es figura hermosa! ¡Cómo baila la muchacha! Sobrino Repollo, baila con ella, tú que sabes.

SOBRINO: Muy bien, tío Benito. *(Baila.)*

ESCENA VIII

(Suena una trompeta y entra un oficial del ejército.)

OFICIAL: ¿Quién es aquí el señor Gobernador?

GOBERNADOR: Soy yo. ¿Qué ordena vuestra merced?

OFICIAL: Que busque alojamiento para treinta soldados que llegarán aquí en media hora. Adiós. *(Se va.)*

BENITO: Seguro que los envía el sabio Tontonelo.

CHANFALLA: No es así; esos soldados estaban cerca de aquí. Nosotros los vimos antes de entrar en el pueblo.

BENITO: Ahora ya conozco bien a ese Tontonelo, y sé que vos[25] y él sois unos grandísimos mentirosos, y el músico también. Os ordeno que mandéis a Tontonelo detener a esos soldados. Si no, mandaré que le den doscientos azotes en la espalda.

[25] *vos*: forma antigua de tratamiento en lugar de *usted*.

CHANFALLA: ¡Digo, señor alcalde, que no los envía Tontonelo!

BENITO: Y yo digo que los envía Tontonelo, como ha enviado también las otras cosas que yo he visto.

CAPACHO: Todos las hemos visto, señor Benito Repollo.

BENITO: Claro, señor Pedro Capacho. Y tú, músico enano, si sigues tocando el rabel te rompo la cabeza.

ESCENA IX

(Entra el Oficial.)

OFICIAL: ¡Qué! ¿Está ya preparado el alojamiento? Los soldados ya están en el pueblo.

²⁶ *me lo pagaréis:* me vengaré, expresión de amenaza.

BENITO: ¿Todavía insiste Tontonelo? ¡Pues yo os digo que me lo pagaréis²⁶!

CHANFALLA: Todos son testigos de que el Alcalde me amenaza.

CHIRINOS: Todos son testigos de lo que dice el Alcalde: que el Rey manda lo que manda el sabio Tontonelo.

GOBERNADOR: Yo creo que estos soldados son de verdad.

OFICIAL: ¿Por qué no van a ser de verdad, señor Gobernador? ¿Está loco?

JUAN: Chanfalla, llame otra vez a la bella Salomé; este señor verá algo que nunca ha visto. Quizá así le convenceremos.

CHANFALLA: Ahora mismo. Aquí vuelve Salomé. Llame a su sobrino, señor alcalde, para bailar con ella otra vez.

SOBRINO: Ahora mismo voy.

BENITO: Así, así, sobrino.

OFICIAL: ¿Está loca esta gente? ¿Quiénes son esta muchacha, este baile y Tontonelo?

CAPACHO: Entonces, ¿el señor Oficial no ve a la muchacha?

OFICIAL: ¿Qué muchacha?

CAPACHO: ¡El Oficial es de ellos!

TODOS: ¡Es de ellos!

OFICIAL: ¡Callaos todos! Voy a coger la espada y vais a salir por la ventana.

CAPACHO: ¡Es de ellos!

BENITO: Es de ellos, porque no ve nada.

OFICIAL: Si me dicen otra vez que soy de ellos, no les dejaré hueso sano.

BENITO: Los de origen judío o hijos ilegítimos nunca fueron valientes, por eso decimos que el Oficial es de ellos.

OFICIAL: ¡Maldita sea![27] ¡Esperad!

[27] *¡Maldita sea!:* expresión de enfado.

ESCENA X

(El Oficial pelea con todos. El Alcalde golpea a Rabelín. La empresaria Chirinos quita el tapiz.)

CHIRINOS: El diablo ha traído a estos soldados.

OFICIAL: *Si me dicen otra vez que soy de ellos, no les dejaré hueso sano.*

CHANFALLA: El suceso ha sido extraordinario. Es verdad que el Retablo es maravilloso y mañana lo podremos mostrar al pueblo. Nosotros mismos cantaremos quién ganó esta pelea, diciendo: ¡Vivan Chirinos y Chanfalla!

LA ELECCIÓN DE LOS ALCALDES DE DAGANZO[28]

Galería de personajes

[28] *Daganzo:* pueblo de la provincia de Madrid.

BACHILLER PESUÑA:

hombre que ha estudiado el bachillerato y, por tanto, el que más sabe del pueblo.

PEDRO ESTORNUDO:

secretario del Ayuntamiento.

PANDURO:

concejal del Ayuntamiento.

ALONSO ALGARROBA:

concejal del Ayuntamiento.

FRANCISCO DE HUMILLOS

PEDRO DE LA RANA

JUAN BERROCAL

MIGUEL JARRETE

candidatos para ser elegidos alcaldes de Daganzo.

MÚSICOS:

gitanos y gitanas que tocan música, cantan y bailan.

SACRISTÁN:

ayudante del cura en la misa.

Escena I

(Están en el Ayuntamiento el bachiller Pesuña, el secretario Pedro Estornudo y los concejales Panduro y Alonso Algarroba.)

PANDURO: Siéntense, que todo saldrá a pedir de boca[29], si lo quiere el cielo.

ALGARROBA: Quiera o no quiera, saldrá bien.

PANDURO: ¡Algarroba, se le va la lengua[30]! Hable con respeto. Que no me gustan esas palabras: "Quiera o no quiera el cielo". Vuestra merced cree saberlo todo y no piensa lo que dice.

ALGARROBA: Cristiano viejo soy y creo firmemente en Dios.

BACHILLER: No se puede desear más.

[29] *saldrá a pedir de boca:* se solucionará muy bien, como se desea.

[30] *se le va la lengua:* habla demasiado y dice cosas que pueden molestar.

ALGARROBA: Me arrepiento de hablar mal; no he dicho nada.

ESTORNUDO: Es suficiente, que Dios solamente quiere que el pecador viva y se arrepienta.

ALGARROBA: Yo vivo y me arrepiento. Sé que el cielo puede hacer lo que quiera, sobre todo cuando llueve.

PANDURO: El agua cae de las nubes, Algarroba, no del cielo.

ALGARROBA: Si venimos aquí a criticarnos, me lo dicen, que yo también sé criticar.

BACHILLER: Volvamos al asunto principal, señor Panduro y señor Algarroba. Siempre que los dos están juntos, empiezan a discutir.

31 nombraremos: elegiremos.

32 Toledo: capital de provincia cercana a Madrid donde estaba la mayor autoridad.

ESTORNUDO: El señor bachiller Pesuña tiene razón. Vamos a ver qué alcalde nombraremos[31] para el año que viene. Tiene que ser bueno para que las autoridades de Toledo[32] lo acepten. Para eso es esta reunión.

PANDURO: Hay cuatro candidatos para alcaldes: Juan Berrocal, Francisco de Humillos, Miguel Jarrete y Pedro de la Rana. Todos son hombres honrados y listos que pueden gobernar Daganzo, y hasta la misma Roma. En todo el

36

mundo no se pueden encontrar cuatro candidatos como estos.

ALGARROBA: Berrocal es el que más vale.

ESTORNUDO: ¿Para qué?

ALGARROBA: Para catador de vinos. Días atrás probó en mi casa una tinaja[33] y dijo que el vino sabía a madera, a cuero y a hierro. Cuando se terminó el vino, en el fondo de la tinaja había un palo pequeño con una correa de cuero y una llave pequeña.

[33] *tinaja:* recipiente grande de barro donde se guardan líquidos.

ESTORNUDO: ¡Rara habilidad! Este puede gobernar cualquier pueblo.

ALGARROBA: Miguel Jarrete es un maestro en tiro con arco.

BACHILLER: ¿Y lo hace bien?

ALGARROBA: Muy bien.

BACHILLER: Para alcalde es rara habilidad, pero necesaria.

ALGARROBA: Francisco de Humillos arregla zapatos mejor que nadie. ¿Y Pedro de la Rana? Nadie tiene una memoria como la suya. En ella guarda todas las canciones sin olvidar una letra.

PANDURO: Este tendrá mi voto.

ESTORNUDO: Y el mío.

ALGARROBA: Yo votaré a Berrocal.

BACHILLER: Yo a ninguno; no me parecen suficientes habilidades para ser alcalde.

ALGARROBA: Es mejor hacer entrar a los cuatro candidatos y que el señor bachiller Pesuña los examine. Él ha estudiado y sabrá preguntarles qué cosas saben hacer. Así veremos quién podrá ser nombrado alcalde.

ESTORNUDO: ¡Esa es una buena solución!

ALGARROBA: ¿No hacen examen para ser barbero, sastre o médico? Nosotros también pondremos un examen para ser alcalde. Y daremos un certificado al candidato que demuestre que puede ser un buen alcalde. Se necesitan alcaldes buenos, sobre todo en pueblos pequeños.

BACHILLER: Eso está muy bien dicho. Que entren los cuatro candidatos y veamos si valen para ser alcalde.

ESCENA II

(Entran los candidatos Berrocal, Humillos, Rana y Jarrete.)

BACHILLER: Bienvenidos, señores.

PANDURO: Siéntense todos, por favor.

HUMILLOS: ¡Estoy molesto[34] pero me siento!

JARRETE: Todos nos sentamos.

[34] *Estoy molesto:* estoy algo enfadado.

RANA: ¿Por qué está molesto, Humillos?

HUMILLOS: Porque tardan mucho con nuestro nombramiento. ¿Es que hay que comprar el cargo con regalos? Díganlo y lo solucionaremos.

BACHILLER: Aquí no hay sobornos. Estamos todos de acuerdo en elegir al mejor alcalde.

RANA: Bueno, estoy de acuerdo.

BERROCAL: Y yo.

HUMILLOS: Yo también estoy de acuerdo.

JARRETE: Ea, pues yo lo mismo.

BACHILLER: Empieza el examen. ¿Sabe leer, Humillos?

HUMILLOS: No. Y en mi familia nadie quiere aprender esas tonterías. Leer no sé, pero sé otras cosas mejores.

BACHILLER: ¿Y qué cosas son esas?

HUMILLOS: Sé de memoria[35] cuatro oraciones y las rezo cada semana cuatro o cinco veces.

RANA: ¿Y con eso quiere ser alcalde?

HUMILLOS: Con esto y con ser cristiano viejo puedo ser senador romano.

BACHILLER: Está muy bien. Jarrete, hable ahora y diga lo que sabe.

JARRETE: Yo sé leer, pero poco. Estoy con la *a* y la *b* desde hace tres meses; dentro de cinco meses terminaré de estudiar todas las letras. Además sé preparar un arado. Estoy sano, no tengo sordera ni problema de ojos, ni tos ni reuma. Soy cristiano viejo como todos y sé tirar con arco mejor que nadie.

ALGARROBA: ¡Raras habilidades son esas para ser alcalde!

BACHILLER: ¿Y qué sabe Berrocal?

BERROCAL: Yo tengo en la lengua y en la gar-

BACHILLER: Empieza el examen. ¿Sabe leer, Humillos?

ganta toda mi habilidad. No hay catador de vinos tan bueno como yo.

ALGARROBA: Y ¿quiere ser alcalde?

BERROCAL: Y lo exijo, porque cuando bebo se me despiertan los sentidos y puedo dar más leyes que Licurgo[36].

[36] *Licurgo:* griego famoso por las leyes que escribió.

PANDURO: ¡Cuidado con lo que dice, que estamos en el Ayuntamiento!

BERROCAL: Solamente digo que si no me dan el nombramiento de alcalde, se acordarán de mí.

BACHILLER: Aquí no valen las amenazas, señor Berrocal. ¿Qué sabe Pedro Rana?

RANA: Como Rana cantaré mal, pero diré mis planes. Si yo soy alcalde, mi vara[37] no será delgada, como las que se usan normalmente. Será gruesa y no se doblará con el peso del dinero y otros favores, ni con promesas ni regalos. Además, seré educado y prudente. Seré firme en mis decisiones pero no duro. Nunca ofenderé al pobre hombre que venga ante mí por sus delitos, porque hace más daño la palabra de un juez furioso que el castigo que este ponga. Un juez no debe abusar de su poder.

[37] *vara:* palo o bastón de mando del alcalde.

ALGARROBA: ¡Vive Dios, que ha cantado nuestra Rana mucho mejor que un cisne cuando se muere!

PANDURO: Ha hablado como los antiguos oradores[38] romanos.

ALGARROBA: Tiene razón el concejal Panduro.

[38] *oradores:* políticos que expresan sus ideas con un lenguaje apropiado y cuidado.

PANDURO: ¿Y cuándo no tengo razón?

ALGARROBA: Ya se lo diré cuando llegue el momento.

ESTORNUDO: ¿Otra vez están discutiendo los dos? Paren ya y sigamos con nuestro asunto de elegir alcalde.

HUMILLOS: Eso que ofrece Rana aún no lo hemos visto. Si él toma la vara, cambiará, será otro hombre. Pero si me eligen a mí, verán que soy siempre el mismo hombre.

BACHILLER: Pues imagine que ya es alcalde y así veremos si es verdad que sigue siendo el mismo hombre.

ESCENA III

(Entra uno que avisa de la llegada de unos gitanos músicos.)

UNO: Señores, ahí fuera hay unos gitanos músicos que quieren entrar para tocar alguna canción. Yo les he dicho que vuestras mercedes están ocupados en asuntos serios, pero ellos insisten en entrar.

BACHILLER: Que entren y veamos si nos pueden servir para la fiesta del pueblo. Este año yo soy el encargado de preparar la fiesta.

PANDURO: Sí, que entren.

BERROCAL: Eso es, que así los conoceremos.

HUMILLOS: Yo también quiero conocerlos.

JARRETE: Y yo también.

RANA: Pues veremos qué canciones traen.

UNO: Aquí están ya.

ESCENA IV

(Entran los gitanos tocando música con una guitarra y cantando. Las gitanas bailan al ritmo de la música.)

MÚSICOS: *Igual que cambian los vientos,*
igual que cambian las ramas,
que desnudas en invierno
se visten en el verano,
así cambiamos de alcalde
y lo hacemos este año.
¡Vivan los alcaldes de Daganzo,
vivan los que saben tener el mando!

JARRETE: ¡Hermosa canción, por Dios!

HUMILLOS: Y muy bien cantada.

BERROCAL: Hay que imprimir esta canción para que quede en la memoria de todos en el futuro.

HUMILLOS: Amén[39].

BACHILLER: Callen, por favor, para que podamos escuchar.

(Los gitanos siguen cantando.)

MÚSICOS: *Pisaré el polvillo[40],*
tan menudillo,
pisaré el polvó
tan menudó[41].

Pisaré yo la tierra,
aunque esté dura,
y abriré en ella

[39] *Amén:* expresión usada en misa para decir 'así sea'.

[40] *polvillo:* diminutivo de polvo.

[41] *menudó:* muy pequeño. Tiene cambiado el acento a la *-o* final, como *polvó,* para dar ritmo a la canción.

45

una sepultura.
Porque muero
por su amor,
tan menudó.

Pisaré yo el suelo
que ella pisa,
¡ay, desconsuelo!,
con tanta prisa.
Porque ella se fue
y el polvo dejó,
tan menudó.

ESCENA V

(Entra de repente un sacristán gritando muy enfadado.)

[42] *voto a Dios:* exclamación de enfado.

SACRISTÁN: Señores concejales, ¡voto a Dios[42] que es de desvergonzados tanta diversión! ¿Así se gobierna el pueblo?, ¿entre guitarras y bailes? ¿No les da vergüenza?

BACHILLER: ¡Agárrale, Jarrete!

JARRETE: Ya le agarro.

[43] *mantear:* lanzar a alguien al aire con una manta.

BACHILLER: Traed una manta, que vamos a mantear[43] a este tonto y desvergonzado. Y además atrevido, por entrar aquí criticándonos de esa manera.

SACRISTÁN: ¡Oigan, señores!

ALGARROBA: Volveré con la manta ahora mismo. *(Se va.)*

SACRISTÁN: Cuidado, que soy cura.

BACHILLER: ¿Tú cura, desvergonzado?

SACRISTÁN: Bueno, casi cura, porque soy su ayudante.

RANA: Dime, hombre. ¿Por qué criticas a la justicia? ¿Vas a gobernar tú el pueblo? Métete en tus asuntos[44] y deja a los que gobiernan, que ellos saben mejor que nosotros lo que hacen. Si son malos, reza a Dios para que sean mejores, y si son buenos, reza para que Dios no nos los quite.

[44] *Métete en tus asuntos:* dedícate a lo tuyo, no te ocupes de lo que no es cosa tuya.

BACHILLER: Realmente nuestro Rana es un santo.

ESCENA VI

(Vuelve Algarroba con una manta.)

ALGARROBA: Aquí está la manta.

BACHILLER: Cojan todos la manta, que también los gitanos y gitanas agarren de ella. ¡Arriba, amigos!

(Mantean al sacristán.)

SACRISTÁN: Miren que me enfado. Se van a acordar de esto,[45] ya lo verán.

RANA: Basta, paren ya el castigo, que el pobre debe de estar arrepentido.

SACRISTÁN: Y dolorido, que es peor. Desde ahora me callaré.

RANA: Eso es lo que importa.

BACHILLER: Quiero que vengan los gitanos a mi casa; tengo que hablar con ellos sobre la fiesta del pueblo.

UN GITANO: Vamos detrás de ti.

BACHILLER: Vamos a dejar la elección de alcalde para mañana. Y, desde luego, yo doy mi voto a Rana.

UN GITANO: ¿Cantaremos, señor?

BACHILLER: Lo que queráis.

PANDURO: No hay quien cante como nuestra Rana.

JARRETE: ¡Desde luego! Es que canta y además encanta[46].

(Se van todos cantando alegremente la canción "Pisaré el polvillo".)

[46] *encanta:* gana la simpatía de los demás, agrada.

ACTIVIDADES

ACTIVIDADES DE COMPRENSIÓN LECTORA

EL RETABLO DE LAS MARAVILLAS

1. ¿Quiénes son los empresarios que muestran el Retablo?
2. ¿Para qué contratan a Rabelín?
3. ¿Quién hizo el *Retablo de las maravillas?*
4. ¿Qué condiciones son necesarias para ver las figuras del Retablo?
5. ¿Qué pide Chirinos antes de representar el Retablo?
6. ¿Cuál es la primera maravilla que aparece en el Retablo?
7. ¿De dónde dicen que es el agua que cae de las nubes?
8. ¿Cuál es la última figura que aparece?
9. ¿Quién envía a los soldados según Benito?
10. ¿Qué quieren decir con la frase "Es de ellos"?

LA ELECCIÓN DE LOS ALCALDES DE DAGANZO

11. ¿Quiénes están discutiendo siempre según el Bachiller?
12. ¿Quiénes son los candidatos a alcalde?
13. ¿A qué sabía el vino que probó Berrocal?
14. ¿Qué deciden hacer el Bachiller y los concejales para elegir alcalde?
15. ¿Cuál es la habilidad de Humillos?
16. ¿Qué cree Humillos que hay que hacer para ser alcalde?
17. ¿Qué dice Jarrete que sabe hacer?
18. ¿Qué hará Rana si le nombran alcalde?
19. ¿Por qué mantean al Sacristán?
20. ¿Qué candidato prefieren el Bachiller y los concejales?

ACTIVIDADES DE LÉXICO

1. *Maravilloso* viene de *maravilla*. ¿De qué palabras vienen estas otras? Relaciona las columnas.

honrado	pecado
pecador	furia
mentiroso	prudencia
furioso	honra
prudente	mentira

2. *Ilegítimo* es lo contrario de *legítimo*. Forma el contrario de las palabras siguientes añadiendo *i-* o *des-*, según corresponda.

contento
colgar
real
hacer
legal

3. Cambia las palabras destacadas en cursiva por su sinónimo o palabra de igual significado.

obtuvo – desea – chica – recompensa – se acordarán de – bella

"Esta *muchacha* tan *hermosa* que ahora aparece es Salomé. *Recordarán* que con su baile *consiguió* un *premio*: la cabeza del Bautista. ¿Alguien *quiere* bailar con ella? ¡Verán maravillas!"

4. Empareja las expresiones antónimas o de significado contrario.

en serio	a favor
en contra	muy mal
a toda prisa	ahorrar tiempo
a pedir de boca	en broma
gastar el tiempo	poco a poco

5. Relaciona las expresiones con el verbo *mirar* con su significado.

Podré *mirar cara a cara* ese Retablo.   mirar sin mucha atención

Miren que me enfado.   enterarse de algo

Solamente lo *miré por encima.*   advertir de algo

Mira a ver si han cerrado la puerta.   mirar de frente, sin esconderse

ACTIVIDADES DE GRAMÁTICA

1. Cambia los sujetos de estas oraciones por pronombres personales.

a) Ahora salen los leones y osos.

b) ¡Cómo baila la muchacha!

c) Algarroba y tú debéis callaros ya.

d) Rana, Humillos y yo queremos ser alcaldes.

e) Las gitanas bailan con la música.

2. Completa el siguiente cuadro con las formas verbales que faltan.

INFINITIVO	PRESENTE	FUTURO	PRET. IMP.	PRET. PERF.
poder			podía	
	sale			salió
			colgaba	
		escribirá		

3. Señala los sujetos de los verbos de estas frases.

a) Pronto estaremos en el pueblo.

b) Ciceroniana quiso decir el señor alcalde.

c) La obra, las figuras y el escenario los hizo el sabio Tontonelo.

d) Nadie tiene una memoria como la suya.

e) Estamos todos de acuerdo en hacer un examen.

4. El participio de *escribir* es *escrito*. ¿Cuál es el participio de estos verbos?

abrir
poner
ver
hacer
freír
romper
decir
volver

5. Indica los adjetivos del siguiente texto.

"Además, seré educado y prudente. Seré firme en mis decisiones pero no duro. Nunca ofenderé al pobre hombre que venga ante mí por sus delitos, porque hace más daño la palabra de un juez furioso que el castigo que este ponga."

SOLUCIONES

ACTIVIDADES DE COMPRENSIÓN LECTORA

EL RETABLO DE LAS MARAVILLAS

1. Chanfalla y Chirinos.

2. Para entretener al público tocando el rabel hasta que salen las figuras del Retablo.

3. El sabio Tontonelo.

4. No ser de origen judío, es decir, ser cristiano viejo, y además ser hijo de legítimo matrimonio.

5. Que les paguen por adelantado.

6. Sansón abrazado a las columnas del templo.

7. De la fuente donde nace el río Jordán.

8. La hermosa Salomé bailando.

9. El sabio Tontonelo.

10. Que el Oficial es judío o hijo ilegítimo.

LA ELECCIÓN DE LOS ALCALDES DE DAGANZO

11. Los concejales Algarroba y Panduro.

12. Berrocal, Humillos, Jarrete y Rana.

13. A madera, a cuero y a hierro.

14. Un examen a los cuatro candidatos.

15. Arregla zapatos.

16. Comprar el cargo con regalos.

17. Preparar un arado y tirar con arco.

18. No permitirá que otros influyan en sus decisiones mediante el dinero y otros favores. Será educado y prudente. Será firme en sus decisiones pero no duro, para no ofender a nadie. No abusará de su poder.

19. Por ser desvergonzado y atrevido, pues entra en el Ayuntamiento de malas maneras criticando a todos los que allí gobiernan y metiéndose en asuntos que no le pertenecen.

20. Rana.

ACTIVIDADES DE LÉXICO

1.

honrado – honra
pecador – pecado
mentiroso – mentira
furioso – furia
prudente – prudencia

2.

contento – descontento
colgar – descolgar
real – irreal
hacer – deshacer
legal – ilegal

3.

"Esta **chica** tan **bella** que ahora aparece es Salomé. **Se acordarán de** que con su baile **obtuvo** una **recompensa:** la cabeza del Bautista. ¿Alguien **desea** bailar con ella? ¡Verán maravillas!"

4.

en serio – en broma
en contra – a favor
a toda prisa – poco a poco
a pedir de boca – muy mal
gastar el tiempo – ahorrar tiempo

5.

Podré *mirar cara a cara* ese Retablo – mirar de frente, sin esconderse
Miren que me enfado – advertir de algo
Solamente lo *miré por encima* – mirar sin mucha atención
Mira a ver si han cerrado la puerta – enterarse de algo

ACTIVIDADES DE GRAMÁTICA

1.

a) Ahora salen **ellos.**
b) ¡Cómo baila **ella!**
c) **Vosotros** debéis callaros ya.
d) **Nosotros** queremos ser alcaldes.
e) **Ellas** bailan con la música.

2.

INFINITIVO	PRESENTE	FUTURO	PRET. IMP.	PRET. PERF.
poder	**puede**	**podrá**	podía	**pudo**
salir	sale	**saldrá**	**salía**	salió
colgar	**cuelga**	**colgará**	colgaba	**colgó**
escribir	**escribe**	escribirá	**escribía**	**escribió**

3.

a) nosotros
b) el señor alcalde
c) el sabio Tontonelo
d) Nadie
e) todos

4.

abrir – abierto
poner – puesto
ver – visto
hacer – hecho
freír – freído / frito
romper – roto
decir – dicho
volver – vuelto

5.

"Además, seré **educado** y **prudente**. Seré **firme** en mis decisiones pero no **duro**. Nunca ofenderé al **pobre** hombre que venga ante mí por sus delitos, porque hace más daño la palabra de un juez **furioso** que el castigo que este ponga."

Español	Inglés	Francés	Alemán	Italiano	Portugués (brasileño)
abusar (de)	to abuse	abuser (de)	mißbrauchen	abusare (di)	abusar (de)
acordarse (de)	to remember	se rappeler	sich erinnern (an)	ricordarsi (di)	recordar-se (de)
adular	to flatter, to fawn	flatter	schmeicheln	adulare, lusingare	adular
advertencia	warning	avertisssement	Warnung	avvertimento	advertência
afilado	sharp, pointed	pointu	spitz	aguzzo	afilado, pontiagudo
agarrar	to catch, to grab	saisir, attraper	greifen, packen	acchiappare	agarrar (agarrar, pegar)
ahogarse	to drown	se noyer	ertrinken	affogarsi	afogar-se
alboroto	disturbance, din	vacarme, cohue	Krach, Krawall	chiasso, baccano	alvoroto (alvoroço)
alcalde	mayor	maire	Bürgermeister	sindaco	alcaide (prefeito)
alojamiento	accommodation	logement	Unterkunft	alloggio	alojamento
amenaza	threat	menace	Drohung	minaccia	ameaça
aplastar	to crush	écraser	zerquetschen	schiacciare	esmagar
apretado	tight	serré	eng	stretto	apertado
arado	plough, plow	charrue	Pflug	arato	arado
arco	bow	arc	Bogen	arco	arco
arrepentirse (de)	to regret	se repentir (de)	beruen	pentirsi (di)	arrepender-se (de)
asustar	to frighten	effrayer, faire peur	erschrecken	impaurire	assustar
atreverse (a)	to dare (to)	oser	wagen (zu)	osare	atrever-se (a)
aunque	although, though	bien que, quoique	obwohl, wenn auch	benché, sebbene	embora
ayuntamiento	town council	municipalité	Stadtrat	comune	câmara municipal
azote	lash	coup de fouet	Peitschenhieb	frustata	açoite
barbero	barber	coiffeur	(Herren)friseur	barbiere	barbeiro
candidato	candidate	candidat	Anwärter, Bewerber	candidato	candidato
cargo	position, post	poste	Amt, Posten	carica, posto	cargo
castigo	punishment	punition	Bestrafung	punizione	castigo
catador	taster	dégustateur	Weinprüfer	assaggiatore	provador
cisne	swan	cygne	Schwan	cigno	cisne
concejal	town councillor	conseiller municipal	Stadtrat	consigliere comunale	vereador
contratar	to engage	engager	engagieren	ingaggiare	contratar
convencer (a)	to persuade	convaincre	überzeugen	convincere	convencer
convertir (en)	to turn (into)	transformer (en)	verwandeln (in)	convertir (in)	converter (em)
correa	strap	courroie	Riemen	correggia	correia
criticar	to criticize	critiquer	kritisieren	criticare	criticar
cuerno	horn	corne	Horn	corno	corno (corno, chifre)
cuero	leather	cuir	Leder	cuoio	couro, coiro
cura	priest	curé	Priester	prete	sacerdote
delito	offense, crime	délit	Straftat, Delikt	reato, delitto	delito
desconsuelo	grief, despair	chagrin, douleur	Trübsal	afflizione, dolore	desconsolo
desvergonzado	shameless	effronté	schamlos	svergognato	desvergonhado (sem vergonha)
detener	to stop	arrêter	anhalten	fermare	deter, parar
diablo	devil	diable	Teufel	diavolo	diabo
discutir	to argue, to quarrel	se disputer	streiten	disputare, litigare	discutir
doblar	to bend	ployer, courber	biegen	piegare	dobrar
dolorido	sore, aching	endolori	schmerzend	dolorante	dolorido
enano	dwarf, midget	nain	Liliputaner	nano	anão
encargado	in charge	chargé	betraut, beauftragt	incaricato	encarregado
escenario	stage	scène	Bühne	palcoscenico	cenário, palco

Español	Inglés	Francés	Alemán	Italiano	Portugués (brasileño)
exigir	to demand	exiger, demander	fordern, verlangen	esigere, richiedere	exigir
fiarse (de)	to trust	se fier (à)	vertrauen (auf)	fidarsi (di)	fiar-se (em)
gitano	gypsy	gitan	Zigeuner	gitano	cigano
habilidad	skill	habilité	Geschicklichkeit	abilità	habilidade
honrado	honest	honnête	ehrlich	onesto	honrado
honrar	to honor	honorer	ehren	onorare	honrar
imprimir	to print	imprimer	drucken	stampare	imprimir
insistir (en)	to insist (on)	insister (sur)	bestehen (auf)	insistere (su)	insistir (en)
invisible	invisible	invisible	unsichtbar	invisibile	invisível
judío	jew	juif	Jude	ebreo, giudeo	judeu
juez	judge	juge	Richter	giudice	juiz
manta	blanket	couverture	Decke	coperta	manta (cobertor)
merecer	to deserve	mériter	verdienen	meritare	merecer
milagroso	miraculous	miraculeux	wunderbar	miracoloso	milagroso
mojarse	to get wet	se mouiller	naß werden	bagnarsi	molhar-se
morder	to bite	mordre	beißen	mordere	morder
ofender	to offend	offenser	beleidigen	offendere	ofender
oración	prayer	prière	Gebet	preghiera	oração
padrino	best man	témoin	Trauzeuge	testimone	padrinho
parra	grapevine, creeper	treille	Weinstock	vite, rampicante	parreira
pecador	sinner	pécheur	Sünder	peccatore	pecador
pelea	quarrel, fight	dispute, bagarre	Streit	rissa, litigio	peleja (luto)
peral	pear tree	poirier	Birnenbaum	pero	pereira
plata	silver	argent	Silber	argento	prata
presumir	to boast	se vanter	prahlen	vantarsi	presumir
prudencia	care, prudence	prudence, sagesse	Vorsicht	prudenza	prudência
rana	frog	grenouille	Frosch	rana	rã
reuma	rheumatism	rhumatisme	Rheuma	reuma	reumatismo
rezar	to pray	prier	beten	pregare	rezar
sabio	wise man, sage	savant	Weise	saggio	sábio
sastre	tailor	tailleur	Schneider	sarto	alfaiate
senador	senator	sénateur	Senator	senatore	senador
sepultura	grave	sépulture	Grab	sepoltura	sepultura
soborno	bribe	pot-de-vin	Bestechung	subornazione	suborno
soldado	soldier	soldat	Soldat	soldato	soldado
sordera	deafness	surdité	Taubheit	sordità	surdez
suceso	event	événement	Ereignis	evento	sucesso (acontecimento)
susto	fright	peur	Schreck	paura, batticuore	susto
taparse	to cover up	se couvrir	sich zudecken	coprirsi	tapar-se
temblar	to shake, to tremble	trembler	zittern	tremare	tremer
templo	temple	temple	Tempel	tempio	templo
testigo	witness	témoin	Zeuge	testimone	testemunha
tiro	shot	tir	Schuss	tiro	tiro
tontería	silly thing, stupidity	sottise, bêtise	Dummheit	sciocchezza	tolice, tonteria
triunfar	to triumph	triompher	triumphieren	trionfare	triunfar
vengarse (de)	to take revenge (for)	se venger (de)	sich rächen (für)	vindicarsi (di)	vingar-se (de)
votar	to vote	voter	abstimmen	votare	votar